NOTICE HISTORIQUE

SUR TULETTE

NOTICE HISTORIQUE

SUR

TULETTE

(DROME)

Par l'abbé A. VINCENT

Membre de l'Institut historique de France et Chanoine honoraire du diocèse de Valence

Publiée sous le patronage de M. le PRÉFET et des membres
du Conseil général de la Drôme.

VALENCE

IMPRIMERIE DE CH. CHALÉAT, RUE ST-FÉLIX.

1861.

NOTICE HISTORIQUE

SUR TULETTE

Des ruines du second royaume de Bourgogne qui lui-même avait été formé de quelques provinces relevant autrefois du sceptre de Charlemagne, étaient sortis de nombreux comtés et marquisats dont la suzeraineté flattait l'orgueil des empereurs allemands, héritiers de la couronne de Boson. Cette ombre d'un pouvoir purement nominal leur échappa bientôt, malgré tous les expédients d'une politique jalouse et intrigante. Leurs feudataires brisant un à un des liens déjà affaiblis par l'absence d'une action vigoureuse, se donnent des états héréditaires proportionnés à leurs dignités et plus souvent encore à leur ambition, couvrent leurs domaines de châteaux-forts, et, retranchés derrière un donjon, font respecter et reconnaître leur ...dépendance envers et contre tous. Des seigneuries partagent le territoire comme un échiquier sur lequel manœuvrent barons et chevaliers, tantôt avançant, tantôt reculant, selon leur force et leur habileté; gardées, défendues, conquises, puis abandonnées, elles subissent les chances du jeu de la guerre ou les variations de la fortune et ne trouvent de repos que dans le repos et la puissance d'un champion vainqueur.

A cette époque d'anarchie et d'enfantement remonte l'origine de Tulette, village important désigné par les anciens titres sous le nom de *Tuletta* ou de *castrum de Tuletà* (1). Les avantages d'un site se prêtant à la défense, la fertilité du sol, l'appât de franchises et de priviléges, tels furent les éléments qui concoururent à sa naissance et à son développement. Le travail de ces diverses influences fut lent, caché et de loin en loin suspendu par des circonstances également secrètes et ignorées; rien ne trahit son mouvement et ses progrès. La parcimonie des chroniqueurs et la destruction des documents contemporains frappent de stérilité tout effort, toute recherche tendant à satisfaire la vanité locale par

(1) Un auteur fait dériver Tulette de *pagus aletanus* sans donner aucun détail à l'appui de son assertion.

le récit détaillé des faits et des événements dont l'éclat eût illuminé les annales du pays natal. Il en est des peuples comme des individus; tous veulent un point de départ environné du prestige de la gloire et des années : légendes, fictions, conjectures fabuleuses, tout leur va, pourvu qu'on les sauve de l'obscurité. Mais l'histoire a d'autres règles à suivre; là où les jalons manquent, là où ne brille pas la lumière, elle s'arrête et se tait, fidèle à sa mission.

Au onzième siècle seulement apparaît Tulette avec les indices, il est vrai, d'une existence antérieure et féodalement organisée; une transaction datée de l'an 1095 établit les droits qu'avait Giraud de Monteil sur ce village, sans en formuler la source, la nature et les limites. La juridiction des Adhémar s'exerçait-elle unique et souveraine, ou n'embrassait-elle qu'une part du mandement? Qu'elle en était l'origine, et comment l'avaient-ils acquise? Des difficultés insurmontables ne permettent point de résoudre ces questions. Vainement ici convierait-on le passé à déposer; ou il ne répondrait pas, ou sa voix interceptée n'arriverait point jusqu'à nous. Les droits des sires de Monteil passèrent aux comtes de Toulouse, et de ceux-ci, en 1210, à Guillaume de Baux, qui, déjà prince d'Orange, était seigneur de Suze, de Condorcet et d'autres terres situées dans le Valentinois et le Diois (1).

L'acte d'inféodation transmettait le domaine utile, mais réservait l'hommage et le domaine supérieur au profit du noble cessionnaire. Désireux de s'attacher une population dont il connaissait les besoins et les généreux sentiments, les de Baux se hâtèrent de confirmer les usages, droits et coutumes des habitants de Tulette. Un membre de cette famille dota la communauté d'une charte d'affranchissement souvent par elle invoquée à l'encontre de l'arbitraire et des empiètements. Ces priviléges, solennellement jurés et acceptés, laissaient encore subsister de lourdes charges ; mais ces charges étaient définies ; aux tenures féodales, aux corvées et redevances étaient assignées des bornes qu'on ne pourrait franchir impunément. De là cette vigilance à garder et à faire revivre de génération en génération les statuts municipaux ; de là le zèle des consuls à obtenir des seigneurs du lieu la sanction et la reconnaissance de leurs immunités.

(1) Histoire du Languedoc, tom. III, preuves 223. Pithon-Curt IV, 22.

Placés sous un pouvoir fort et tutélaire, manants, tenanciers et artisans se laissèrent aller à leurs instincts, et, recherchant avec ardeur l'extension de leur bien-être, parvinrent à un état de prospérité que troublèrent les vicissitudes de la fortune des princes d'Orange. Leurs campagnes dévastées, leurs foyers envahis, la misère, la détresse, ils supportèrent tout, puisant dans leur attachement à la cause et aux destinées des de Baux un courage et une abnégation toujours à la hauteur des épreuves où les jetèrent de violents démêlés et de sanglantes querelles.

Les Albigeois parcouraient le Comtat et le midi du Dauphiné, mettant à feu et à sang villes, bourgs et monastères. Déjà Saint-Paul avait payé son tribut à ces hordes fanatiques ; elles revinrent poussées comme le flux et le reflux d'une mer en courroux. Alors que le massacre et la violence signalaient le passage de ces bandes armées, leur haine frappait surtout les lieux soumis à l'autorité de leurs adversaires. Guillaume IV ayant pris parti contre les Albigeois, il est à présumer qu'ils n'épargnèrent point ses fiefs. Si la part de Tulette au fléau de la guerre doit se mesurer à la vaillance et aux efforts des de Baux, pour étouffer les progrès de l'hérésie, elle fut grande et désastreuse. Louis VIII, roi de France, acheva l'œuvre de Montfort, chef des croisés, expulsa les mécréants de la Provence et du Languedoc, et, par ses victoires, fit tomber ces agitations et ces secousses intérieures qui avaient trouvé un écho dans nos contrées.

Depuis un siècle et demi, les princes d'Orange jouissaient des revenus et des prérogatives attachées à la châtellenie de Tulette, lorsqu'ils aliénèrent ce fief, l'un des plus beaux fleurons de leur couronne. Riches de gloire, mais pauvres de florins, ils voyaient s'épuiser leurs finances ; pour soutenir l'éclat de leur rang et faire face aux exigences d'une position difficile, ils recoururent aux emprunts et trafiquèrent de leurs domaines avec l'imprévoyance d'un homme marchant à sa ruine. En 1366, Raymond de Baux, pliant sous le poids de dettes accumulées et à bout d'expédients, vendit la terre de Tulette, ses revenus et dépendances à frère Déodat de Vindicise, prieur de St-Saturnin-du-Port (1), à la charge par lui de faire jouir les habitants des libertés émanées de lui ou de ses devanciers (2).

(1) Pont-Saint-Esprit.
(2) Pithon-Curt. — Archives de la mairie de Tulette.

Il y avait à St-Saturnin un riche prieuré de Bénédictins, auquel étaient annexées la juridiction ecclésiastique et la perception des dimes de Tulette. Ce contrat, passé le huitième jour du mois de juillet, plaçait aux mains des prieurs la juridiction féodale et leur assurait tous les avantages inhérents à l'exercice des droits seigneuriaux. Déjà ils avaient le droit de grâce en faveur des criminels, et de nombreuses transactions prouvent aussi qu'antérieurement ils n'étaient pas étrangers aux affaires de la communauté. La nouvelle phase dans laquelle entrait Tulette n'apportait aucun changement à la condition des habitants ; pour eux étaient maintenus les franchises et priviléges octroyés par la maison de Baux. Les armes du prieur et son étendard arborés au haut du donjon et sur les portes de l'enceinte murée attestaient seuls une modification dont les conséquences ne touchaient point à la vie propre et intérieure de la communauté. Aux chevaliers couverts d'une armure étincelante, à une race guerrière et forte de ses alliances, succédaient des moines armés d'une croix, revêtus de bure et façonnés aux habitudes du cloître, de la retraite et de la prière ; mais ces moines avaient une influence morale qui triomphait là où souvent se brisaient la lance et l'épée d'un baron.

Une tutelle douce et paternelle remplaçait donc un protectorat dangereux quelquefois, selon le caractère et les tendances de ceux auxquels il était dévolu. Faibles en apparence et cependant de tous respectés, les religieux du Pont-Saint-Esprit travaillèrent puissamment au bien-être matériel d'une population à laquelle, depuis longtemps, ils prodiguaient des trésors de zèle, de science et de charité. Leur sollicitude à lui garantir une existence calme et paisible ne fit jamais défaut ; elle n'échoua que lorsque la cause du trouble venait du dehors et se présentait dans des conditions de force devant lesquelles aurait fléchi la résistance la mieux organisée. Les invasions des *routiers* laissèrent Tulette en un état de misère et de pénurie dont il eut peine à se relever. Un vieux titre témoigne hautement des efforts que firent les habitants pour se défendre et repousser les bandes du trop célèbre Reymond de Turenne. De grandes réparations furent ordonnées le 4 décembre de l'an 1390; elles avaient trait aux fortifications des murailles du côté de la porte *Palhosri*. Tous les hommes s'armèrent et durant plusieurs années vécurent en un qui-vive perpétuel (1). L'annexion du Dauphiné à la couronne de France ramena des jours meilleurs; bientôt un pouvoir centralisateur, qui absorbait les éléments vitaux de la société étendit son action jusqu'aux lieux les plus écartés. L'ordre et le calme prévalant sur les convulsions de l'anarchie, les mœurs se renouvelaient au souffle d'une civilisation naissante et semblaient convier le peuple à un avenir de prospérité.

Pour juger sainement le moyen-âge au point de vue des communautés, il faut en étudier l'esprit dans les institutions qu'il fonda. Nous avons vu les princes d'Orange octroyer aux habitants de Tulette un corps de libertés municipales qui règlementait les devoirs et les droits féodaux. Ce code d'où ressort le fait d'une commune affranchie ne nous est parvenu ni entier, ni revêtu de sa forme première. Cependant à l'aide de documents échappés au vandalisme et à l'incurie, il est facile de dégager sa teneur et sa portée, par l'exposé des immunités et des charges. Les habitants étaient exempts de tailles, de subsides, du logement des gens de guerre, du ban et de l'arrière-ban, de tout tribut de péage

(1) Archives de la mairie.

dans le Comtat et plus tard dans les terres du domaine royal. Ils pouvaient bûcherer, faire pacager, chasser le gibier gros et menu, sauf les pigeons; encore leur était-il facultatif de tendre des piéges à ces derniers, pourvu que les engins fussent dressés à cent pas du colombier. Il leur était interdit par proclamations réitérées de défricher les *garrigues* et d'en extraire les racines ou souches de bois. On appelait ainsi de vastes terrains sans culture, landes dépouillées où croissaient de rares chênes verts réduits à une végétation malingre et dont les rameaux servaient à l'usage du four banal, du château et de la population. Ces priviléges, le seigneur-prieur les reconnaissait et confirmait, hors du grand portail, avant de prendre possession de Tulette; parmi les rois qui les ont ratifiés, figurent Charles IX en 1564 et en 1572, Henri IV en 1610, Louis XIII en 1632 et Louis XV en 1727 (1).

Aux franchises qu'une active vigilance faisait constamment revivre et agrandir, en dépit d'une opposition tenace, il faut adjoindre les revenus propres à la communauté; ils consistaient en biens-immeubles, en pâtis, en un moulin à olives

(1) *Id.*

très-productif puisqu'il avait le monopole d'une industrie lucrative, en un impôt de six livres exigé de tout étranger pour droit de bourgeoisie. Les piliers de la boucherie étaient frappés d'une taxe annuelle au profit de la caisse municipale; une prévoyante sollicitude règlementait le prix de la viande de porc, de brebis et de *menon*.

L'énumération des servitudes qui incombaient à la communauté révèle des usages condamnés par nos mœurs et nos idées; mais ces charges graduellement amoindries ne sauraient devenir une arme pour attaquer un état social envers lequel l'ignorance et l'esprit de parti nous ont souvent rendus injustes. Les habitants étaient tenus de faire cuire leur pain au four banal et de porter leurs grains au moulin seigneurial; le droit de mouture s'élevait à la dix-huitième partie. Ils devaient nettoyer et purger, à leurs frais, dans tout son parcours, le canal dont les eaux après avoir mis en mouvement les usines du village, étaient employées à l'irrigation du territoire. La quotité des redevances féodales avait subi dès l'an 1439 une large réduction favorable aux tenanciers; elles étaient ramenées au *douzain* pour les grains et au *onzain* pour les foins et le vin. De nouvelles transactions allégèrent plus tard la dime des grains en la remplaçant par vingt saumées et celle des foins en lui substituant une rente. Le millet payé en gerbes et le blé battu au moyen du *foulage* étaient livrés sur l'aire même; le vin seul devait être transporté au tinal du château. Une grande diversité dans les poids et les mesures ayant donné lieu à des contestations et à des fraudes, le seigneur avait déterminé la forme et la contenance des poids et des mesures qui seraient employés à Tulette. Ce bourg, doté d'une foire ancienne et très en renom, n'avait pas encore de marché hebdomadaire; il fut créé le 15 mai de l'an 1554 (1).

Deux consuls veillaient aux intérêts généraux, présidaient les assemblées des notables et constituaient le pouvoir exécutif d'un conseil châtouilleux à l'endroit de ses prérogatives. Au-dessus de ces magistrats plébéiens, élus chaque année, était placé un châtelain à la fois maire, juge et gouverneur, dignités que résumait le titre de capitaine-viguier. Tous les crimes et toutes les infractions ressortissaient d'un petit tribunal appelé *judicature* et fonctionnant au nom du seigneur haut justicier dans sa terre. Il se

(1) Archives de la mairie.

composait d'un juge, d'un lieutenant, d'un procureur et d'un sergent. Le pilori dressé près du
grand portail, en face du siége de la cour, consacrait ses arrêts et fortifiait les bons en inspirant
aux méchants un salutaire effroi. Dans l'enceinte,
une *maison de l'aumône*, plus connue sous le
nom d'hôpital, servait d'hospice et de refuge
aux pauvres et infirmes du mandement; elle
avait des bien-fonds, des censes et des revenus
confiés à l'administration d'un recteur asser-
menté.

Successivement annexé au marquisat de Provence et à la principauté d'Orange, Tulette, comme fief, relevait des prieurs commendataires du
Pont-Saint-Esprit, personnages puissants dont
l'illustration jetait un vif éclat sur les annales
d'un bourg, sans eux demeuré obscur; évêques,
cardinaux, dignitaires du clergé séculier, abbés
opulents, tous prenaient le titre de *princes de
Tulette* et lui communiquaient une part de la
gloire attachée à leur nom ou à leur rang. Au
point de vue ecclésiastique, il formait une paroisse au diocèse de Vaison. La charge curiale
appartenait aux religieux Bénédictins dont l'é-
tablissement remontait à une époque ancienne
et probablement antérieure à la naissance du vil-

lage ; autour d'eux, serfs et tenanciers étaient venus chercher un abri tutélaire ; leurs demeures groupées ensemble, à l'ombre de la croix du prieuré, avaient été le noyau d'une agglomération promptement accrue. L'église dédiée en l'honneur de Saint Pierre était bâtie sur un point culminant et dominait avec le château des maisons étagées en amphithéâtre ; d'une architecture simple qui n'excluait pas la beauté et l'harmonie, elle portait le cachet de grandeur et de solidité imprimé à toutes les églises rurales de l'Ordre de Cluny. Un cimetière adjacent disait aux fidèles où va sûrement échouer l'orgueil de l'homme, fût-il monarque ou roturier. La sacristie dotée de rentes et de biens-fonds composait un bénéfice relevant de la mense du prieuré du Pont-Saint-Esprit et par ses émoluments garantissait au titulaire une condition d'aisance et de suprématie souvent recherchée (1).

La multiplicité des chapelles et des fondations pies nécessitait le concours de plusieurs prêtres vivant en communauté dans une maison appelée cloître, du mot latin *claustrum*. Ils aidaient au service paroissial, chantaient les heures cano-

(1) Pouillé général des abbayes de France, page 90. — Archives de la mairie.

niales, présidaient aux associations ou desser-
vaient les oratoires et les autels qu'une piété
généreuse avait élevés et enrichis. Celui de Ste-
Catherine brillait entre tous les autres, paré de
dons et d'offrandes sans cesse renouvelés par le
zèle d'une confrérie vouée au culte de la jeune
martyre. Le recteur de Ste-Catherine est men-
tionné dans des actes, bien avant le quinzième
siècle. Non loin de l'église, existait sous le vocable de St-Jean une chapelle, ornement du quartier ; son origine se lie peut-être à un fait mer-
veilleux ; mais l'histoire et la tradition n'ap-
portent aucune lumière pour nous instruire et
nous éclairer. Un même silence pèse sur la
chapelle de St-Léger, édifiée au bord du chemin de Saint-Maurice. Le voile épais, qui enveloppe et la date et les circonstances de sa fondation, nous dérobe les premières phases d'une
confrérie florissante au moyen-âge et dans laquelle s'enrôlaient hommes et femmes, nobles et
manants. La dévotion à St Léger était si générale,
si populaire, que sa fête éclipsant peu à peu la
fête de St-Pierre, il devint en réalité le patron
de la paroisse (1).

(1) Archives de la mairie.

Au milieu des champs encore s'élevait un monument dédié sous le vocable de la Nativité de la Sainte-Vierge. Lorsqu'arrivait la journée commémorative, de loin accouraient les populations joyeuses et empressées. Chaque pierre du sanctuaire témoignait d'une prière exaucée, d'un malheur conjuré, en étalant aux yeux des pèlerins de nombreux *ex-voto*, feuillets détachés d'un livre bien compris de la foule recueillie, pages touchantes où elle apprenait à aimer, à bénir et à espérer. La religion avait consacré ce lieu à Marie, longtemps avant l'édification de la chapelle; car dès le principe, on y vénérait une image grossièrement sculptée et placée au creux d'un vieux chêne; de là, le nom de Notre-Dame-du-Roure, nom qui s'est perpétué avec le parfum d'une légende et l'attrait mystérieux d'une origine cachée.

A l'influence religieuse, le peuple rattachait son émancipation, son bien-être et ses jours de repos. Les solennités du culte, les pèlerinages en des lieux sanctifiés étaient pour lui autant de haltes suspendant ses labeurs; il avait aussi d'autres haltes ménagées par des usages, d'un caractère local, mais traduisant, sous diverses formes, les mêmes sentiments et les mêmes aspirations. Chaque année, le pré seigneurial de la Condamine devenait le théâtre d'une fête appelée *Course de joie*. Les acteurs se composaient exclusivement des jeunes gens de la paroisse admis et affiliés dans la *corporation de la jeunesse*. *L'abbas* ou chef portait la bannière de l'association, marchait en tête, présidait aux divertissements, maintenait l'ordre et se posait en roi de la fête.

Le principal amusement était la farandole, chaîne vivante, d'abord calme et se déroulant paisiblement sur la prairie; puis, les jeunes gens exécutaient des passes, des rondes, des festons, des ondulations très-variées. Quelquefois, ce poétique branle emprunté des nations de la Grèce changeait d'allure pour revêtir l'aspect d'une course folle, émouvante et terrible; la farandole tournait rapide sur elle-même en mille replis jusqu'à ce que musiciens et danseurs fussent épuisés; de là le nom à cette fête de *Course de la joie*. La corporation avait son code, des droits honorifiques et des revenus servant à couvrir les frais de ses réunions. Le tir à l'arbalète, les jeux qui demandent de la force et de l'agilité devaient couronner la journée pour cette foule alerte au travail comme aux plaisirs bruyants.

Le nom de *Jeu de paume*, conservé à une esplanade située au delà des murailles, ne réveille-t-il pas le souvenir d'un genre d'amusement alors très-répandu? Toute saison avait ses heures de liesse et d'ébattements ; l'hiver, ce temps de froidure et de misère, ramenait avec Noël le joyeux festin de *de fructus* ; c'était un repas donné aux habitants par le prieur, en reconnaissance de la dîme des fruits. Considérés isolément, ces détails n'offrent qu'un médiocre intérêt ; mais envisagés comme l'expression des mœurs d'une autre société, ils méritent d'être recueillis et étudiés. La lumière qui s'en échappe, projetée sur la configuration topographique de Tulette au moyen-âge, nous y fera découvrir de nouveaux jalons propres à nous conduire vers une connaissance plus complète de la vie et des habitudes d'un passé loin de nous.

A l'extérieur, Tulette reflétait la physionomie d'une époque guerrière et constamment agitée ; il était environné d'une ceinture de hautes murailles crénelées et flanquées de tours massives ; un large fossé circulaire en défendait l'abord ; trois portes ayant nom *Portalet*, *Portail Sarrasin et Portail Palhosri* assuraient la communication avec le dehors ; contre une tentative d'invasion les protégaient une herse, un pont-levis et d'autres engins de défense. Les remparts se rattachaient par un point à l'enceinte d'un donjon ou citadelle, suprême asile des habitants, à l'heure du péril. Là veillaient des hommes d'armes ; là étaient déposées les munitions et les machines de guerre.

Des rues étroites sillonnaient l'intérieur, aboutissant aux portes ou à d'humbles carrefours décorés du nom de *Place Vieille*, de *Place Neuve* et de *Place du Four*. Les rues de *Portalet*, du *Courreau*, de *Côte-Palhosri* s'animaient du bruit cadencé des métiers de drap, seule industrie des habitants que n'occupaient ni l'agriculture, ni la confection des tuiles. La rue appelée *Juiverie* révélait l'état d'abaissement et d'oppression dans lequel vivaient les rejetons d'une race maudite. Partiale et intéressée, la société voulait bien lui accorder l'eau et le feu ; mais elle la tenait en suspicion ; elle la parquait en un quartier spécial d'où elle ne pouvait sortir. Maintes fois, cet asile vendu chèrement, en expiation de criantes usures, les chrétiens l'envahirent, poussés par la haine et la vengeance. Le massacre des juifs et le pillage de leurs maisons trouvant la justice endormie, ces scènes de carnage étaient renouvelées, alors que circulaient d'odieuses rumeurs les accusant d'empoisonner les sources et de se livrer à d'exécrables forfaits.

Malgré ses imperfections et ses vices, l'organisation de la communauté de Tulette possédait une bonne part des éléments sur lesquels pouvaient être assises l'aisance et la sécurité d'une agglomération d'individus. Ces éléments se dégageaient peu à peu de toute entrave nuisible à leur extention et à leur développement; lorsqu'en 1560 apparurent en Dauphiné les effrayants symptômes d'un orage qui allait faire chanceler la vieille société. L'hérésie de Calvin, née la veille d'un orgueil froissé, prenait place au soleil à travers le sang et les ruines, levait des armées, brûlait les églises, pendait moines et prêtres et ramenait de paisibles populations au joug des Vandales et aux terreurs exercées par les *routiers*. Forte de sa haine, forte aussi de l'appui que lui donnait une coterie politique, elle aurait détruit jusqu'aux dernières traces du catholicisme dans nos contrées, si Dieu n'eût suscité de vaillants défenseurs à son église. Les champions de l'erreur furent vaincus et la foi des aïeux sortit triomphante et plus pure de cette nouvelle et douloureuse épreuve à laquelle succombèrent des âmes ou lâches ou travaillées de mauvaises passions.

L'histoire a rangé Tulette parmi les bourgs qui souffrirent le plus de cette lutte fratricide et impie. Sa position le signalait à l'action des partis ; il fut pris, repris, tour à tour au pouvoir des catholiques et des réformés. Le pillage, l'incendie, les violences, les exactions marquèrent la victoire des huguenots ; mais leur domination, là où elle s'imposait, présentait un caractère plus odieux et plus funeste encore à un autre point de vue. C'était une propagande à la façon de Mahomet ; c'était l'établissement d'un prêche auquel assistaient des hommes et des femmes pliant sous l'argument du bâton, des menaces de mort et autres douceurs. La majeure partie des habitants de Tulette demeura fidèle à ses croyances et rejeta dédaigneusement un culte et une doctrine fabriqués de main d'homme. Quoique réduits à une infime minorité, les renégats, les victimes du prosélytisme armé constituaient un danger permanent ; car leur présence troublait la paix des foyers, semait la division et paralysait tout moyen de résistance en face d'un ennemi qui devait ses succès à l'audace et à de perfides révélations.

Des soulèvements partiels indiquaient hautement les projets des huguenots; ces indices d'une explosion prochaine jetèrent d'abord les communautés du bas-Valentinois en une profonde stupeur; puis, le sentiment du péril aidant aux inspirations d'un patriotisme non éteint, on fortifia les bourgs et on se prépara avec ardeur aux éventualités d'une guerre déjà commencée par Charles Dupuy, seigneur de Montbrun. L'attitude belliqueuse des populations et les sages mesures qu'avait prises l'autorité semblaient devoir refouler dans son lit le torrent des passions déchaînées ; mais la défection du baron Des Adrets fit pencher la balance en faveur des séditieux et leur donna tout à la fois un chef et une armée redoutable. Le nouveau sectaire emporte villes et châteaux et, précédé d'un renom de terreur qui lui ouvre les places, va conquérir au pas de course le midi du Dauphiné et la majeure partie du Comtat. Donzère, Pierrelatte, Saint-Paul et Bollène tombent en son pouvoir. Tulette succombe après une résistance opiniâtre et lui aussi devient la proie d'un implacable ennemi; c'était en 1562. L'incendie de l'église, la destruction de titres précieux, le sac des maisons, le massacre des habitants défendant leurs foyers, la proscription du culte et l'érection d'un prêche inaugurent la domination d'un parti qui se disait appelé à régénérer les croyances religieuses et une société pétrie d'erreurs et de superstitions.

La marche triomphale de Des Adrets n'eut que la durée d'un ouragan; ses excès criaient vengeance et la vengeance lui enleva, une à une, ses conquêtes et ses positions. Sur les instances du prieur-seigneur, le général Fabrice Serbellioni, commandant des troupes pontificales du Comtat, cerne Tulette et l'arrache au joug des calvinistes. Soustraire cette place à la tyrannie et aux vexations de soldats haineux, c'était beaucoup; mais il fallait encore arrêter les ravages du fanatisme. Fabrice se hâta donc de rétablir l'exercice du culte catholique, rappela les membres du clergé bannis ou cachés, expulsa quelques habitants infectés de l'hérésie et pour consolider son œuvre laissa dans le bourg deux compagnies italiennes et un gouverneur sur la bravoure et le zèle duquel il pouvait compter. Cependant la présence de ces italiens oublieux peut-être des devoirs de leur mission protectrice constituait

une lourde charge et soulevait de fréquentes ré-
criminations. Les plaintes des consuls servirent
de prétexte à un acte politique dont les conséquences étaient l'incorporation de Tulette à la
province du Dauphiné. Par un décret daté du
2me jour de février de l'an 1563, Charles IX
mande au maréchal de Vieille-Ville de faire éva-
cuer la garnison mise par Serbellioni, se déclare
souverain de Tulette et en signe de son haut domaine, ordonne qu'à l'avenir les causes et ju-
gements de la judicature de ce bourg ressortiront
de la sénéchaussée de Montélimar (1).

La transaction signée le 25 janvier de l'année
suivante va corroborer une annexion désormais
subie et acceptée. Dans une réunion à laquelle
assistait messire de Brisolle, député du maréchal,
le prieur du Pont-Saint-Esprit, par l'organe de
Paganuce son délégué, proteste en faveur de ses
droits seigneuriaux, supplie sa majesté de le
prendre lui et ses vassaux de Tulette sous sa
sauve-garde, et comme le plus grand nombre

____

(1) Histoire des guerres du Comtat, tome 1er, page 242. — Archives de la mairie. — *Id.* de la chambre des comptes de Gre-
noble.

des habitants affirment vouloir appartenir toujours à l'église romaine, de les y maintenir et de proscrire, au milieu d'eux, tout exercice de la religion prétendue réformée. Il consent, lui et les habitants, à ce que les huguenots expatriés depuis la reprise de la ville rentrent en leurs demeures et jouissent de leurs biens, sans qu'il leur soit facultatif d'attirer des étrangers, à moins d'une licence du seigneur, laquelle ne profitera qu'aux marchands et trafiquants et pour une durée de deux jours. Le prieur requiert en outre de sa majesté qu'elle veuille bien l'assister pour désarmer ses sujets catholiques ou réformés, leurs armes devant être remises à Paganuce, sous sa responsabilité personnelle. Les gentilshommes continueront toutefois à porter la dague et l'épée et pourront être armés seulement ceux des habitants qu'il lui plaira nommer pour garder et défendre la ville de Tulette. Ce document plein d'intérêt, au point de vue de l'histoire locale, fut revêtu de la signature des contractants et des témoins ; on y voit figurer le nom des consuls, de Claude de la Farge, greffier de la communauté, des notables, de Jacques de Closeau, écuyer résidant à Châteauneuf-de-Mazenc, de Reynaud Manuel de Rochegude et de Jean Verdure de Vaison (1).

Pour satisfaire une population jalouse de ses immunités, il fallait autre chose que la réduction de Tulette sous l'obéissance du roi, il fallait autre chose que le bénéfice d'une sauvegarde solennellement jurée ; aussi vit-on la confiance et la joie céder promptement à un sentiment d'appréhension que dissipèrent seules de nouvelles lettres patentes données à Roussillon (2) dans le mois d'août de la même année. Faisant droit à une requête de la municipalité en émoi, Charles IX confirma, ratifia, reconnut tous les priviléges et toutes les exemptions accordés par la maison d'Orange. Il enjoignit au parlement de l'en faire jouir librement et intégralement. La faveur du jeune monarque voyageant avec sa cour constatait des droits acquis ; mais les commotions renaissant trahirent bientôt l'inanité de ses efforts et de ses pacifiques démarches.

Un instant suspendue, la guerre éclate plus intense et plus vive que jamais. Des circonstan-

_____

(1) Archives de la mairie.

(2) Département de l'Isère.

ces inconnues livrent Tulette aux huguenots dans les premiers mois de l'année 1567. Il devient le siége d'une assemblée de ministres réunis par le besoin d'étendre et d'assurer le triomphe de lèur cause. Enhardis et stimulés sous l'influence d'une présomption qui ne calculait pas les obstacles, les soldats de la garnison se répandent aux alentours envahissant même le Comtat et surpris au terme de leur course aventureuse vont, prisonniers, expier leurs méfaits dans les geôles d'Avignon. Le comte de Suze alarmé de ces tentatives souvent répétées crut les étouffer en attaquant le lieu où elles se préparaient : Il convoque l'arrière-ban des Etats-Venaissins à Sérignan, et le 17 février de l'an 1568, se dirige vers Tulette, accompagné de forces nombreuses soutenues d'artillerie et de cavalerie. Pendant deux jours le canon bat les murailles ; pendant deux jours les calvinistes font tête aux assaillants. Le 19 une large brèche facilite un assaut jusque là demeuré sans succès ; au signal de l'escalade, s'avancent les catholiques en rangs pressés ; ils montent, gagnent le sommet du rempart et, frappant d'estoc et de taille, repoussent les assiégés qui reculent et fuient après une lutte sanglante. D'immenses provisions amassées là par le pillage et les exactions dédommagent les vainqueurs des pertes essuyées au fort de la mêlée ; deux capitaines et quelques miliciens avaient succombé. Une bonne part des munitions trouvées dans la place fut transportée à Avignon; suivaient aussi le convoi, retenus en otage, les habitants reconnus complices ou fauteurs de la révolte. Leur éloignement était une condition de retour à l'ordre, car il amoindrissait la puissance et l'audace d'une minorité vaincue et non soumise (1).

Le nom des gentilshommes qui participèrent à ce brillant fait d'armes nous en explique et l'éclat et le rapide dénouement. François de Flassian , Aymar de Vassadel , Bertrand Roquard, Somme-Rive, Paul d'Albert de Montdragon et le célèbre capitaine Paulin, baron de la Garde-Adhémar, assistèrent au siége de Tulette et concoururent vaillamment aussi à la reprise du Pont-Saint-Esprit, de Mornas, de Vinsobres et de Mirabel. Trois siècles se sont écoulés depuis cet épisode de nos guerres civiles ; mais il eut tant de retentissement que de nos jours encore

(1) Histoire du Dauphiné, par Chorier, tome II, page 614. — Guerre du Comtat, tome II, page 18.

le peuple se souvient du comte de Suze, et mon-
tre avec orgueil les boulets encastrés dans les
murs d'une tour. Vers la fin de l'année, de Gor-
des sollicitait la destruction des forteresses de
Tulette, de Pierrelatte, de Sauzet et de Châteauneuf-de-Mazenc (1). A cette mesure le lieutenant
du roi rattachait l'apaisement des troubles et
son but était d'enlever aux huguenots battus
en rase campagne des asiles sûrs d'où ils
pouvaient tenir en échec un corps d'armée. Çà
et là, disséminées et réduites à de petits détachements, les troupes catholiques se voyaient
contraintes ou de passer outre ou d'entreprendre
un blocus dont la longueur nuisait à leur cause
et grandissait la confiance des assiégés. L'ordre de raser Tulette ne reçut point alors son exé-
cution ; d'impérieuses nécessités durent faire
ajourner l'accomplissement d'une œuvre éminemment utile au point de vue politique. Quoi-
qu'il en soit des motifs qui laissèrent debout les
places condamnées à être démantelées, Tulette
retomba au pouvoir des calvinistes ; Gouvernet
l'enlevait par surprise en 1577 et le transfor-

(1) Histoire du Dauphiné, tome II, page 629. — Pithon-Curt,
tome III, pages 26 et 129.

mait en boulevard par de nouvelles réparations aux murailles. De là il mettait à contribution les campagnes des environs et prêtait main-forte à ses coreligionnaires d'Orange pour dévaster le Comtat et le Languedoc. Le brigandage de ses gens répandait partout la terreur et l'effroi. Déjà Saint-Paul avait été mis à sac et le bourg de Suze allait être envahi, lorsque François de la Baume quittant le siége de Ménerbes vint se montrer à eux soudainement, les dissiper et les forcer à gagner leur repaire (1).

L'édit de paix signé le cinq octobre maintenait Vercoyran à Nyons et Gouvernet à Tulette; c'était consacrer et perpétuer l'agitation dans le Comtat et le bas-Valentinois. Divers incidents marquent la fin de l'année et nous démontrent combien encore était ardente la lutte, combien étaient vives les passions et les haines. Gouvernet tenait les champs du côté de Tulette; Oddy, suivi d'un détachement de cavalerie légère, l'attaque, l'enveloppe et lui inflige un échec qui atteint à la fois son honneur et ses affections les plus chères. Le cadet d'Aspres son neveu et plusieurs de ses meilleurs soldats étant restés

(1) Guerres du Comtat, tom. II, pages 190, 199 et 210.

sur le champ de bataille, leurs cadavres attestaient la violence et l'opiniâtreté du combat. Peu
de jours après, Gouvernet revenant de Bollène
chargé de butin, rencontre son vainqueur et lui
demande un pourparler; en loyal adversaire,
Oddy consent à l'entrevue et s'approche seul. Le
bruit d'une détonation retentit soudain; mais le
coup d'arquebuse effleure à peine le trop confiant
chevalier. Il crie à la trahison et ses gens témoins
du lâche guet-apens dressé contre lui, accourent
furieux, prêts à venger leur chef. Gouvernet fuit
et va cacher dans Tulette la honte d'un crime heureusement avorté. Une longue série de violences
et de méfaits révélait comme par le passé, la présence du célèbre huguenot. Ses expéditions à
l'encontre des mandements du voisinage lui
attirèrent de cruels revers, qui, loin de calmer
son impétueuse ardeur, surexcitaient en son
âme une soif de haine et de pillage à laquelle il
sacrifiait le repos, le calme et le bien-être de
populations inoffensives et délaissées (1).

Le traité de Nimes conclu en 1578 stipulait
formellement l'évacuation de Tulette par Gouvernet. Cependant au mépris d'un accord mu-

(1) *Id.* 213-218

tuellement consenti, la garnison calviniste y demeura jusqu'au mois de juin de l'année 1579. La mesure des avanies et des exactions était comble ; lassés d'un joug pour eux intolérable, les habitants se soulèvent et guidés par deux de leurs concitoyens, Magnon et Claret, chassent les huguenots et recouvrent leur indépendance. Déjà, à plusieurs reprises, de louables efforts avaient été faits pour soustraire Tulette à la tyrannique oppression des gens de Gouvernet (1). L'infériorité des troupes plia devant la résistance ; mais ces tentatives venues tantôt du dehors, tantôt du dedans, ravivaient l'espoir des catholiques et préparaient la voie à leur délivrance. Ce triomphe dû à l'énergie de ses habitants, Tulette était menacé de le perdre. Des *guerillas*, terreur des campagnes, le cernaient cherchant à le surprendre. Aux instances du prieur, Jean des Seguins, brave gentilhomme de Valréas, se jette dans la place, le 19 du mois d'octobre, avec tout ce qu'il peut réunir d'amis et de soldats. Il rassure la population, écarte mille périls, entretient à ses frais vingt-cinq miliciens, supplée même à l'insuffisance de

(1) *Id.* 247.

la solde d'un détachement de troupes royales et défraie largement ceux des habitants qui se sont enrôlés pour l'aider en sa pénible mission. Tenus en échec par sa vigilance et son courage, les huguenots ne purent désormais forcer Tulette (1).

Quoique épuisé, battu et circonscrit en ses opérations, le parti calviniste aurait longtemps encore troublé nos contrées, si la Ligue ne lui eût opposé ses armées, ses généraux et son active propagande; elle naissait naguère d'une pensée nationale, l'éloignement d'un prince hérétique du trône de saint Louis. Là est l'explication de ses conquêtes et de ses victoires. Voulant accélérer un dénouement que présageait la défaillance des huguenots, le duc de Mayenne ordonna, en 1581, la démolition de trente-deux places du Dauphiné. La position de Tulette, son rôle pendant la guerre, la force de son donjon si souvent mis au service des protestants, tout le signalait aux rigueurs d'une politique habile et prévoyante. Sous le pic et la mine croula bientôt la citadelle. Des débris de ce boulevard, qui a emporté bien des secrets, est sorti le château

____

(1) Archives de la mairie.

moderne du prieur-seigneur, vaste manoir aux allures pacifiques et silencieuses (2).

La destruction du donjon rayait Tulette de la liste des places fortes, lui enlevait son importance militaire et par là même éloignait cette persistance qu'avaient mise les huguenots à le prendre et à le garder. Cependant on lui laissait et ses tours et ses remparts. Ainsi amoindri, son action fut celle d'un bourg fermé ayant un gouverneur et une garnison assez nombreuse pour le défendre d'un coup de main et tenir en respect les camps volants du parti calviniste. Rendu à une vie plus calme et moins agitée, Tulette, depuis cette époque, se trouve en dehors des graves événements qui, suprêmes efforts de l'anarchie expirante, dénonçaient le terme et la fin des hostilités. Un moment au pouvoir des ligueurs, il s'en détacha au profit de Henri de Navarre. Le zèle avec lequel des Seguins sut le maintenir dans la cause royale valut à celui-ci un témoignage de la haute satisfaction du Béarnais. Ce prince devenu Henri IV, lui écrivit, le félicita

(2) Du 30 août 1581 sont datées les lettres de commission qui investissaient Sébastien de Moreton de Chabrillan du pouvoir de procéder à la démolition des forteresses de Tulette, Saint-Restitut et Saint-Paul-Trois-Châteaux.

de son dévouement et le remercia de lui avoir conservé un bourg dont il connaissait les douloureuses péripéties (1).

En 1585, l'ennemi tant de fois repoussé campait sous les murs de Tulette ; mais, en face de l'attitude des habitants, il abandonne ses projets d'agression et va décharger ailleurs sa colère. Malgré le retour fréquent de ces alertes, la communauté sûre du courage et de l'héroïsme de la population demanda le renvoi de la faible garnison logée dans l'enceinte. Il appert de sa requête à Maugiron que la ville devait plus de vingt-cinq mille écus ; la misère y était si profonde que beaucoup de personnes émigraient ; les demeurants vivaient d'un pain grossier composé d'herbes et de glands. Cet émouvant tableau d'une situation au milieu de laquelle elle se débattait impuissante, le redressement de ses griefs en fut la conséquence. Par le retrait de la garnison, le lieutenant général allégeait momentanément des charges si lourdes et des souffrances si noblement endurées (2). Une dernière épreuve attendait le bourg de Tulette, et de cette

(1) Pithon-Curt III, page 252 et suivantes.

(2) Archives de la mairie.

épreuve il sortit sain et sauf, grâce à une manœuvre souvent pratiquée. C'était le 15 février de l'an 1589 ; Lesdiguières s'apprêtait à l'enlever de vive force et dressait sa batterie de siége. Comprenant toute l'inutilité d'une résistance et voulant épargner à sa patrie adoptive les malheurs et les angoisses d'un combat inégal, des Seguins recourut à un expédient peu conforme à ses sentiments chevaleresques, mais exigé par les circonstances critiques où il se trouvait. Il fit briller l'or et acheta des intelligences dans le camp. Lesdiguières pressé d'ailleurs et cédant aux conseils d'officiers gorgés de présents, leva subitement le siége et tourna ses forces vers d'autres points.

Les éminents services qu'avait rendus le gouverneur de Tulette marquaient son nom du prestige de la gloire et de la popularité. La gratitude, cette mémoire du cœur, publiait ses exploits et les transmettait mêlés aux souvenirs du foyer ; elle dictait un contrat passé dès le 1ᵉʳ janvier de l'an 1585 en faveur de Jean des Seguins, contrat stipulant en échange de deux cents écus l'aliénation par les consuls, d'une maison, d'un jardin et d'un moulin à olives, situé dans la rue *Côte-Palhouse*. Sous une forme onéreuse justifiée par le besoin d'atténuer les dettes communales, se cachait un don rémunérateur. Le moulin resta banal et la maison concédée fit bientôt place à un magnifique hôtel bâti en des conditions de luxe et d'opulence que réclamait la position sociale de ses habitants. Là demeurèrent les héritiers et les successeurs du valeureux gentilhomme dont la race non éteinte aujourd'hui jeta tant d'éclat sur les annales de Tulette.

Messire Claude de Laurens, prieur et seigneur, n'ignorait point les généreux sacrifices que s'était imposés des Seguins, pendant onze années d'une administration semée de périls et de difficultés. Comme témoignage de sa satisfaction et pour l'aider à combler les brèches faites à sa fortune, car il avait dépensé trois mille cinq cents écus au service de Tulette, il lui octroya, le 19 octobre 1590, à lui et à ses descendants, à perpétuité, l'office de capitaine-viguier, le droit de chasse sans restrictions, l'exemption de toute redevance pour le fournage et la mouture, l'affranchissement du demi-lods et celui des censes et tenures féodales. Les Seguins-Cabassoles dans leurs charges de capitaine-viguier à Tulette se firent bénir de tous, et pleins des traditions de leurs glorieux devanciers consacrèrent leur in-

fluence au développement des intérêts maté-
riels (1).

Henri IV rétablit l'ordre et calma les factions
en montrant aux huguenots l'édit de Nantes et
aux ligueurs son acte d'abjuration. Quand ne
souffle plus l'orage, quand le ciel est redevenu
serein, l'homme des champs contemple avec tris-
tesse les dégâts causés par la tempête ; il sup-
pute ses pertes et confiant, se dispose à les ré-
parer. Jetée dans les mêmes circonstances et
obéissant au même sentiment, la communauté de
Tulette envisagea sa position au retour de la
paix, mesura l'étendue de ses désastres et forte
d'un patriotisme à la hauteur des besoins révéla
ce que peuvent le courage et l'énergie, en face
de dettes à couvrir, d'institutions à relever, de
souffrances à alléger et d'un état propère à conquérir. L'existence d'un temple, les tracasseries
journalières d'une minorité représentée à l'hôtel-de-ville par un consul et les discours provo-
cateurs du ministre Agar étaient autant d'obstacles au bien-être et à l'œuvre d'une régénération
intérieure (2); mais la saine et majeure partie

(1) Archives de la mairie.

(2) Le temple était situé près de la *Porte-Palhouse* aujourd'hui
Porte-Neuve.

gardant une attitude de patience généreuse, parce qu'elle avait la conscience de sa force et de son droit, le mouvement de réorganisation alla progressant: peu à peu disparurent les traces des guerres civiles ; toute chose se ranima et prit un nouvel aspect sous les efforts d'une population qui voulait renouer la chaîne du passé.

Aux gestes du baron Des Adrets se rattachait la destruction de l'église ; des ruines encadrées de murs noircis et calcinés jonchaient la nef et interceptaient l'abord du chœur, seul demeuré intact. Le clocher portait, lui aussi, l'empreinte de la haine et du fanatisme un instant victorieux. Commencée en 1609 et finie en 1613, la réédification de ces deux monuments anciens coûta huit cents écus, somme lourde qui eût atteint des proportions plus élevées, si les habitants n'avaient concouru à l'œuvre par le transport gratuit des matériaux. Exhaussée de neuf *pannes* et demie (1), la tour, comme autrefois, dominait le bourg et redisait le triomphe des idées religieuses ; de son côté l'église revêtit ce cachet de décence et de propreté que réclamait la foi des aïeux, foi vivace et profondément enra-

(1) La panne valait à peu près 27 centimètres.

cinée dans les cœurs, malgré les attaques de l'hérésie et l'absence trop longue d'un clergé dépouillé et fugitif. Le sacristain, moine du prieuré du Pont-Saint-Esprit, le curé et les autres bénéficiers rentrés en possession d'une partie des biens ecclésiastiques, mirent en commun leur zèle, divulguèrent l'enseignement catholique et, associant leurs dons aux dons des fidèles, vinrent puissamment en aide à la restauration de l'église paroissiale, de la chapelle de Notre-Dame-du-Roure et des autres chapelles éparses dans l'enceinte ou dans le mandement. Bien que révélant un caractère d'urgence et de provisoire, ces travaux ne purent s'exécuter sans aggraver le fardeau d'habitants appauvris déjà et condamnés à la gène par l'entretien d'une garnison ; mais ils s'inspiraient de l'amour du pays natal et ce sentiment, qui jamais ne les abandonna au milieu de leurs épreuves, se réveillait plus vif en face de tout obstacle ou de tout nouveau besoin (1).

Fidèle à sa noble et glorieuse tâche, la municipalité s'enquiert activement des titres de rentes et de pensions qui composaient autre-

____

(1) Archives de la mairie.

fois le domaine des pauvres ; presque tous avaient été soustraits ou égarés pendant la tourmente ; quelques parcelles de terre firent retour à l'hôpital ; joints à la vingt-quatrième partie des dîmes du prieuré et aux legs de la charité, les produits recouvrés garantirent du moins un secours aux plus nécessiteux. La conversion des redevances féodales en vingt saumées de blé livrées annuellement par la communauté au fermier du seigneur, mit un terme à de fréquentes altercations et devint une allégeance profitant à toutes les classes. Le droit appelé *De fructus* fut aussi modifié de manière à servir les intérêts généraux ; ce jovial banquet donnant toujours lieu à des rixes et à des querelles, les consuls proposèrent l'abandon de cet usage, d'ailleurs très-onéreux pour le prieur, moyennant une rente de cinq écus payable au maitre d'école. Des procès soutenus contre la maison-mère du Pont-Saint-Esprit et relatifs aux coutumes et immunités des habitants, il appert aussi que la *Course de jole* déserta le pré du seigneur ; son fermier l'exonéra de cette servitude par une pension à la confrérie de la jeunesse (1).

(1) *Id.*

Restait encore à briser une charge lourde et incommode ; depuis le rétablissement de la paix, Tulette recevait une garnison d'infanterie ou de cavalerie et ses rues étaient sillonnées de troupes de passage ; cependant il comptait à peine cent quarante maisons dans l'enceinte. L'irritation des calvinistes du Vivarais et des Baronies semait l'inquiétude et demandait une vigilance continuelle. Résolu à comprimer la sédition partout où elle éclaterait, le gouverneur du Dauphiné faisait garder le bas-Valentinois par des détachements éparpillés çà et là, de distance en distance, de village en village. Cette mesure de sûreté publique, Tulette ne l'appréciant qu'au point de vue de ses libertés, il réclama avec persistance l'exemption du logement, et pour arriver plus sûrement à ses fins, sollicita de Henri IV, en 1610, et de Louis XIII, en 1632, la confirmation et reconnaissance de ses priviléges. Les deux monarques ratifièrent la charte du prince d'Orange ; mais la force et la valeur de leurs lettres patentes ne purent tenir devant une raison d'Etat. Vainement on évoqua les franchises du lieu ; des compagnies, des escadrons se succédaient à de courts intervalles, usaient du droit d'étape. et ce droit ils l'exercèrent jusqu'au milieu du dix-huitième siècle, époque où s'éteignit l'agitation des réformés. Le remboursement des frais occasionnés par le passage des troupes accusa plusieurs fois le succès des démarches et des protestations des consuls ; s'il laissait subsister la gêne et l'embarras inhérents au logement et à la fourniture des vivres, il consacrait du moins un privilége authentiquement reconnu.

L'activité déployée à l'encontre d'une pénible réorganisation ne faillit point aux mandataires de la communauté, alors qu'un esprit de rivalité jalouse mettait en question leurs droits honorifiques. Le châtelain et les officiers de la justice seigneuriale, arguant d'une position exceptionnelle et non soumise aux variations du suffrage, s'attribuaient la préséance dans les fêtes et les cérémonies. Des rangs du peuple, des émotions d'une vanité froissée s'échappa le cri : *caveant consules!* En 1633, le Parlement leur assigna une place qui donnait ample satisfaction aux exigences d'une dignité noblement soutenue. Les consuls siégaient, le premier, à la gauche du châtelain et le second, à la gauche de l'officier le plus élevé. (1)

(:) *Id.*

Ce généreux essor d'une communauté luttant pour défendre ses vieilles franchises et conquérir, à travers mille obstacles, l'aisance et le bien-être, la peste vint l'arrêter et le suspendre en 1629. Au souffle d'un vent mystérieux, elle montait comme une vague; devant elle toute barrière était impuissante; ni remparts, ni clôtures, ni miliciens veillant aux portes ne purent conjurer le péril. La terreur et l'effroi devançant ce redoutable ennemi lui préparaient des victimes et semblaient favoriser ses coups. Tulette paya un large tribut au fléau qui partout sévissait et partout laissait derrière lui la mort, la solitude, le deuil et les larmes. Prescriptions de la médecine, isolement des personnes atteintes, expédients inventés par la prudence ou la peur, rien n'était efficace; les survivants éplorés demandèrent au ciel leur délivrance et leur salut. La construction d'une chapelle dédiée en l'honneur de saint Roch témoigne d'un vœu solennellement émis et constate aussi la disparition du mal contagieux.

Avec l'épidémie s'en allèrent les angoisses et les douleurs; avec les émigrés revenaient aussi la confiance et l'animation du travail. Sous l'action du temps, naquit l'oubli et se cicatrisèrent les plaies. Déjà le bourg avait repris son allure et sa physionomie habituelles, lorsqu'en 1645 les huguenots des environs, poussés par de folles excitations, lâchèrent la bride à des instincts de haine mal contenus. La visite épiscopale de Monseigneur Marie-Joseph de Suarez, les abjurations qu'il obtenait, son zèle à combattre l'hérésie, ce fut là le prétexte dont ils couvrirent de criminels desseins. Ils injuriaient les catholiques, troublaient les offices et réunis dans les champs menaçaient la contrée d'une levée de boucliers. A Mirabel, ils envahissaient l'église pendant la messe ; à Molans, leurs assemblées revêtaient la forme d'une sédition armée, A Venterol, à Novaison, même fanatisme et même violation des règlements. A Tulette enfin des ministres glorifiaient le calvinisme et tentaient d'y asseoir un culte depuis longtemps sans exercice public (1).

La mort de Louis XIII et la perspective d'une régence, telles furent les circonstances qu'ils exploitaient pour semer la discorde et l'agitation. Ces menées d'un parti, coutumier de rébellion et suspecté de dissidence politique, appelèrent

(1) Histoire de l'église de Valson.

d'abord sur lui la répression, l'exil, les dragon-
nades , puis en 1685 la révocation de l'édit
de Nantes. Ses priviléges conquis par trente
ans de pillage, d'incendies et de guerres civiles,
il les vit confisqués en punition d'une mutinerie
qui, par sa tenacité et ses explosions, semblait la
condamner fatalement à ne reconnaitre aucune
autorité.

Quand furent promulguées les ordonnances
de Louis XIV, elles passèrent inaperçues à Tulette. Il n'y avait là ni temple à fermer, ni ministre à bannir, ni séditieux à réduire. La maison où s'était tenu le prêche inauguré par le baron Des Adrets, en 1562, portait encore, il est
vrai, le nom de *Temple;* mais depuis plus de
soixante ans elle avait fait retour aux usages
profanes; il en était de même du cimetière con-
tigu au temple. Le petit nombre d'habitants enrôlés sous le drapeau de la réforme, c'était pour
la plupart des étrangers, qui avaient obtenu des
événements leur droit de bourgeoisie. Livrés au
calme de la réflexion et sans cesse en contact
avec un peuple croyant et fidèle, ils avaient ab-
juré leur symbole et passé au giron de l'église.
Les rigueurs exercées contre les huguenots et les
troubles qu'elles excitèrent n'eurent point d'écho

à Tulette; seuls le mouvement des troupes et la présence d'une garnison trahissaient l'agitation du dehors.

Le secret de la promptitude avec laquelle s'était relevée une communauté en détresse, résidait tout entier dans l'union de citoyens travaillés par les mêmes aspirations. Cette union avait été féconde en résultats; nous la verrons encore enfanter de nouvelles œuvres qui, marquées au sceau de la foi, de la charité et du patriotisme, effacèrent la splendeur des créations religieuses du moyen-âge. Reflet d'une société longtemps dévoyée et maintenant remise sur ses bases primitives, ces institutions locales variaient de forme et de physionomie selon la nature et le caractère de leur raison d'existence. L'établissement de la confrérie de Saint-Léger remontait à plusieurs siècles; l'éclat dont on environnait l'élection de ses quatre *bailes* ou dignitaires, attestait une popularité toujours vivace et justifiée par le nombre et la condition des associés. Elle se faisait le jour de la fête patronale; debout à la porte de l'église, les anciens dignitaires recueillaient les suffrages et du haut de la chaire, le curé proclamait le nom des élus. Ceux-ci devaient gratifier tout d'abord leurs parents de vêtements neufs, puis inviter leurs confrères à un joyeux banquet répété quatre fois et placé suivant l'ordre des nominations. Ces libéralités devenant coûteuses, les voix se portaient sur les plus riches d'entre les associés. Décliner la dignité de *baile*, en vue des dépenses qu'elle entraînait, c'eût été échanger un honneur généralement ambitionné contre une manifestation qui allait stigmatiser le non-acceptant. Son effigie, grotesque mannequin, était promenée dans les rues, au son du fifre et du tambour; de tout côté s'élevaient des huées et des clameurs, expression non suspecte du jugement rendu par une foule accourue de loin; elle était là, pressée, haletante, ne perdant rien du drame qui se déroulait et attendant l'explosion d'un mortier sur lequel on avait déposé le mannequin. Cet auto-da-fé consacré par l'usage châtiait ainsi de honteux calculs et livrait, soit au mépris, soit aux sarcasmes des méchantes langues, la lésinerie du malheureux confrère. Les *bailes* avaient le droit d'assister, une lance à la main, aux fêtes civiles et religieuses; quand venaient les solennités de Saint-Léger et de Saint-Fiacre, ils entouraient l'autel et formaient au célébrant comme une garde d'honneur.

La confrérie de Sainte-Catherine conservait sa chapelle, son recteur et ses biens-fonds, témoignage assuré d'une ancienne splendeur non évanouie. Celle des Pénitents blancs du confalon, quoique d'une origine moins haute, rivalisait de zèle et luttait d'influence avec ses aînées ; elle possédait, hors de l'église, une chapelle dédiée sous le vocable de Saint-Joseph. Les autres confréries portaient le titre du Rosaire, du Saint-Sacrement, de Notre-Dame-de-Pitié, des Dames-de-la-Miséricorde et de Saint-Vincent. Cette dernière a laissé son nom à une tour qui lui servait de point de réunion.

Ces aggrégations d'hommes et de femmes, de filles et de jeunes gens liés par des statuts avaient chacune une fête chômée en l'honneur du patron. Leur présence, la diversité de leurs costumes et la richesse de leurs bannières communiquaient aux processions et aux grandes journées du catholicisme un luxe et une magnificence dont se prévalaient l'amour-propre et l'esprit de corps. Ces pompes du culte, ces émotions d'un spectacle souvent renouvelé fortifiaient les croyances et semaient un peu de joie et d'animation sur une vie sans elles triste et monotone. Expansive dans son allure et dans ses gestes, parce qu'elle n'était point étouffée sous l'étreinte de l'indifférence et du respect humain, la dévotion de nos aïeux rayonnait partout et partout se manifestait, ici, en pèlerinages, là, en pratiques pieuses. Aux Rogations, quand arrivaient les épouvantements de la peste et de la famine, quand la mort et le deuil s'asseyaient au foyer comme des hôtes inattendus, manants, laboureurs et artisans demandaient aux patrons vénérés du courage et de la résignation, de tièdes ondées pour leurs champs ou l'éloignement d'une calamité. Alors s'emplissaient les chapelles de Saint-Jean, de Saint-Roch, de Saint-Léger et de Notre-Dame-du-Roure ; alors s'agenouillait la foule, implorant les faveurs du ciel.

L'élément religieux avait repris son action ; les actes publics et privés, les rapports sociaux étaient empreints de sa vitalité et sa force d'impulsion transformait rapidement une communauté qui demandait aux enseignements de la foi la jouissance et le développement de son bien-être physique et moral. L'agriculture, la fabrication de draps grossiers, d'étoffes de laine et de tuiles en renom, la vente des produits ruraux, l'organisation municipale, tout portait le cachet d'une prospérité à laquelle concourut l'union des cœurs et des esprits. Le bourg atteignait son apogée de grandeur et d'activité, lorsqu'une crise alarmante vint le frapper d'un déclin heureusement transitoire et passager. Marseille, en 1721, ressemblait à une vaste nécropole d'où émergeait aux alentours le fléau qui dévorait ses habitants. Un cordon sanitaire isolait la Provence et le Comtat du Dauphiné ; mais l'étendue de la ligne protectrice contraignit bientôt le marquis de Belrieu à requérir la population des communes limitrophes. Tulette fournit son contingent, logea une compagnie et, en sus des vivres, dut la pourvoir journellement d'un quintal de bois par corps-de-garde ; il y en avait seize dressés çà et là. Le bourg, converti en place de guerre, sentit peser sur lui ce qu'avait de rigoureux une administration prompte à agir, ne connaissant d'autre règle que la gravité des circonstances et d'autre loi que la loi militaire. Tout habitant saisi en flagrant délit de contrebande ou de relation commerciale, avec des personnes résidant au delà du cordon, était sur le champ passé par les armes. La fondation d'un *bureau de santé* prévenait tout cas éventuel ; mais l'efficacité de ses moyens préservatifs ou curatifs ne fut point mise à l'épreuve ; car la peste, repue de victimes comme un oiseau de proie, n'envahit ni Tulette, ni les paroisses voisines. L'habileté et la vigilance, qu'on avait déployées à la refouler et à la concentrer, devaient cette fois triompher et rendre le calme au Dauphiné si profondément agité du midi au nord, par les progrès et les ravages du fléau.

Replacé dans sa sphère et libre de toute préoccupation extérieure, Tulette va de l'avant jusqu'en 1789 sans secousse et sans bruit ; mais au moment où la population riche de son bien-être semblait pouvoir défier l'avenir, au loin se montrait un nuage précurseur de l'ouragan. Bientôt la tempête éclata, brisant avec fracas la vieille société. Monarchie, constitution judiciaire, féodale et religieuse, priviléges locaux, établissements légués par les siècles, tout cède, tout craque et plie sous le poids d'un niveau destructeur. Tulette fut dépouillé de sa judicature, alors encore composée d'un viguier, d'un juge, d'un lieutenant, d'un procureur et d'un greffier. Quand une main puissante eut fermé le gouffre et muselé la révolution, il était rejeté en un rang secondaire, parmi les communes du canton de Saint-Paul-Trois-Châteaux.

Cette déchéance toutefois ne devait pas entrainer la perte entière de sa prospérité ni celle des éléments vitaux attachés au sol ; nous en recueillons le témoignage dans le tableau de son état actuel. La population du bourg est de douze cents âmes ; celle de la campagne s'élève à huit cents environ. Trois ateliers de tuilerie, quatre moulins à farine, un à huile, cinq fabriques pour l'ouvraison de la soie, une papeterie, trois foires et un marché tenu le vendredi, voilà la part du commerce et de l'industrie. Les routes du Pont-Saint-Esprit à Briançon, d'Avignon à Valréas et un chemin de grande communication tirant vers Carpentras font de Tulette un lieu central et plein d'animation. Quant au territoire, il offre une superficie de 2402 hectares et ses produits variés le disputent en abondance et en qualité aux produits des régions les plus favorisées ; les olives, le vin, la soie, les fourrages primant toute autre denrée, chaque famille voit annuellement grossir la somme de son bien-être. Au développement de l'industrie et à la fertilité du sol concourent puissamment deux canaux dérivés de l'Eygues, près de Saint-Maurice. L'un, appelé *Canal du Prince*, en souvenir d'un prince d'Orange qui le fit creuser, passe à Tu-

lette même , transformé ici en moteur d'usines ,
là utilisé au profit de l'agrément, de l'hygiène et
des intérêts privés. L'autre date seulement de
1632 ; il traverse le territoire au midi et se di-
vise en deux branches arrosant la plaine et
aboutissant aux moulins de Suze et de Rochegude.

Le champ déjà si étendu, où s'exerce l'action
de la culture, va reculer ses bornes et conquérir de nouvelles terres jusqu'ici abandonnées.
Des digues, sont construites le long de l'Eygues ;
elles mettront un terme à de funestes inonda-
tions et les ramières qu'elles vont protéger contre le torrent se couvriront, en un avenir pro-
chain, de mûriers, de vignes, de prairies et de
moissons. De là un accroissement des revenus
publics ; car les 116 hectares de bois communaux, désormais affermés ou vendus, augmen-
teront le budget des recettes d'une rente
annuelle, qui varierait de huit à dix mille francs.
Les améliorations nées du défrichement des
Garrigues ne sont-elles pas un encouragement à
l'aliénation d'un autre bois condamné fatalement à demeurer improductif, entre les mains
de la commune ? le traitement du garde forestier
et les frais accessoires défalqués, il ne reste que

cent francs du prix de fermage et cependant sa valeur vénale atteindrait au moins le chiffre de 60,000 francs.

Tandis que les conseils municipaux en grand nombre demandent à l'impôt les moyens de satisfaire aux services publics, celui de Tulette peut tripler ses ressources et puiser, dans ce surcroît de revenus annuels, les sommes nécessaires pour compléter ses institutions, en fonder de nouvelles et placer les habitants en une condition de prospérité, telle qu'ils n'aient rien à envier à des communes voisines largement dotées, quoique ne jouissant pas d'une situation financière aussi brillante. L'administration a l'intelligence des besoins de notre époque ; l'établissement des Frères Maristes atteste son zèle et son esprit d'initiative ; mais elle saura remplir sa tâche et répondre aux vœux d'une population qui a de son côté la conscience de sa force et l'instinct de toutes les innovations propres à flatter son patriotisme, en comblant de regrettables lacunes. Les désirs se portent vers la création d'un hospice auquel seraient unies une école de filles et une salle d'asile. Toutes les voix aussi proclament la nécessité d'une nouvelle église, vaste, accessible, et dont le caractère architectural rappellerait les traditions de l'art chrétien. Les dernières années ont amené d'utiles réformes ; l'extension du budget des recettes, devenue facile et assurée par la vente des biens communaux, permettra d'en réaliser de plus importantes encore, sans grever les habitants, ni recourir à l'emprunt. Alors sera consommé le travail de rénovation qui doit restituer à Tulette le rang, la gloire et la supériorité dont l'avaient fait déchoir nos révolutions.

Nous avons mis en regard les œuvres du présent et celles qu'une impatiente ardeur de bien-être fera classer bientôt parmi les faits accomplis. Mais le passé n'est pas mort et malgré d'heureuses transformations, la physionomie du bourg reflète son image et ses souvenirs. Tulette a conservé sa ceinture de murailles flanquées de tours et ses vieilles portes ayant nom de *Portalet*, de *Porte-d'Orange* et de *Porte-Neuve* (1). Les créneaux, il est vrai, ont disparu, et en maints endroits, les remparts percés d'ignobles ouvertures accusent les conquêtes de l'intérêt privé et le triomphe de mœurs pacifiques. Comblés et nivelés en partie, les fossés ont été

____

(1) Autrefois Palhouse.

convertis en une esplanade circulaire, là plantée de beaux arbres, ici nue de par les exigences du mouvement des voitures, qui traversent un faubourg généralement bien bâti, auquel revient le monopole du bruit, des affaires et des plaisirs.

L'influence d'une civilisation exempte de troubles n'a pas seulement modifié l'aspect extérieur de Tulette, en amoindrissant son allure féodale et belliqueuse ; elle a pénétré dans l'enceinte et substitué les formes modernes aux inspirations du moyen-âge. Mais son action, apparente et visible dans le détail, a laissé presque intact l'ensemble des traits sous lesquels apparaissait Tulette, au point de vue de sa configuration intérieure. Des rues sinueuses, des croisées du quinzième et du seizième siècle, des portes, des écussons, des escaliers en spirale redisent à l'archéologue d'autres mœurs et d'autres habitudes. Près de la porte *Sarrasine* ou d'Orange, l'ancien hôtel-de-ville et quelques maisons déploient tout le luxe et toute l'ornementation du style de la Renaissance. Deux monuments, souveraine expression de la sécurité et des croyances religieuses des habitants, s'élevaient autrefois au-dessus du bourg. Le donjon n'est plus et le château seigneurial qui occupe son emplacement se présente aux regards avec le caractère d'un vaste manoir sans type et sans cachet architectonique. Veuve de sa nef, de son clocher primitif et de ses parures romanes, l'église actuelle semble honteuse des réparations faites, il y a deux cents ans. Malgré le bon vouloir mis à la rendre propre et décente, elle reste circonscrite et ne répond point aux besoins d'une population toujours croissante. Le chœur et une partie de la façade occidentale sont les seuls vestiges de l'ancienne église abattue par les huguenots. Appeler le marteau de la destruction, sur un édifice où prièrent les aïeux, serait un déni de respect et de patriotisme. Le conseil municipal le fera servir aux intérêts de la paroisse en l'annexant soit à l'hôpital, soit à l'école des frères, lorsque des obstacles n'arrêtant plus un projet éminemment utile et populaire, une nouvelle église aura été construite à l'extrémité du boulevard.

Les chapelles de Saint-Jean et de Saint-Joseph léguées à divers quartiers, ou n'existent plus, ou subissent une destination profane. En vain chercherait-on la trace des autres fondations pieuses : les oratoires de Saint-Roch et de Saint-

Léger, second patron de la paroisse, longtemps abandonnés sont tombés pour ne vivre qu'en souvenir. Des chapelles bâties hors de l'enceinte, une seule est debout; c'est celle de Notre-Dame-du-Roure. On y voit encore une statue grossièrement sculptée, dont l'origine merveilleuse est racontée par une légende empreinte d'une douce poésie. L'affluence des pèlerins accourant le huit septembre, fête de la Nativité de la Sainte-Vierge et les nombreux ex-voto du petit sanctuaire enseignent aux mécréants et aux insulteurs de la foi, que la dévotion envers la mère de Dieu se transmet de génération en génération, comme un héritage béni.

FIN.

VALENCE, IMPRIMERIE DE CHALÉAT.